BEI GRIN MACHT SICH IHR
WISSEN BEZAHLT

Till Haakshorst

Vergleich der Protagonisten in Schillers Drama „Die Räuber, Kleists Novelle „Michael Kohlhaas" und Kafkas Roman „Der Proceß"

GRIN Verlag

Bibliografische Information der Deutschen Nationalbibliothek:

Die Deutsche Bibliothek verzeichnet diese Publikation in der Deutschen National-
bibliografie; detaillierte bibliografische Daten sind im Internet über http://dnb.d-
nb.de/ abrufbar.

Impressum:

Copyright © 2004 GRIN Verlag, Open Publishing GmbH
Druck und Bindung: Books on Demand GmbH, Norderstedt Germany
ISBN: 978-3-640-78883-5

Dieses Buch bei GRIN:

http://www.grin.com/de/e-book/164169/vergleich-der-protagonisten-in-schillers-
drama-die-raeuber-kleists-novelle

GRIN - Your knowledge has value

Der GRIN Verlag publiziert seit 1998 wissenschaftliche Arbeiten von Studenten, Hochschullehrern und anderen Akademikern als eBook und gedrucktes Buch. Die Verlagswebsite www.grin.com ist die ideale Plattform zur Veröffentlichung von Hausarbeiten, Abschlussarbeiten, wissenschaftlichen Aufsätzen, Dissertationen und Fachbüchern.

Besuchen Sie uns im Internet:

http://www.grin.com/

http://www.facebook.com/grincom

http://www.twitter.com/grin_com

Thema:

Vergleich der Protagonisten in Schillers Drama „Die Räuber, Kleists Novelle „Michael Kohlhaas" und Kafkas Roman „Der Proceß".

Eine Lernleistung von Till Haakshorst

Jahrgangsstufe 2

Fälligkeitstermin: 15.01.2008

GLS für Deutsch

Inhaltsverzeichnis

GLS für Deutsch

1. Einführung

Die Wahrung der „Gerechtigkeit" durch die Justitz und deren Gesetzte gilt für uns in unserer heutigen Zeit, zumindest auf unserem Kontinent, als selbstverständlich. Wir alle sind gewohnt, vor dem Gesetz gleich zu sein und sehen es als normal an, dass unsere Grundrechte durch eine Verfassung geschützt sind. Oft war der Versuch, Gerechtigkeit durchzusetzen ein langwieriger Prozess, der, unter anderem auch gewaltsam, bestritten wurde, wie z.B. der Kampf für die Gleichberechtigung der dunkelhäutigen Menschen in den USA. Es gibt unterschiedliche Ansichten über „Gerechtigkeit", was in der heutigen Zeit gerichtliche Auseinandersetzung zufolge hat. In den literarschen Werken „Michael Kohlhaas" von Heinrich von Kleist, „Die Räuber" von Friedrich von Schiller und „Der Prozess" von Franz Kafka, machen alle Hauptakteure ihre ganz persönliche Erfahrung mit dem Gesetz. Michael Kohlhaas kämpft für einen fairen Prozess, in Friedrich von Schillers „Die Räuber" kämpft Karl von Moor für die Armen und gegen die Korrupten und bei Kafka Durchlebt der Bankangestellte K einen inneren und äußeren „Prozess", der von einem Gericht ausgeht, das undurchschaubar schein. Trotz der verschiedenen Ziele, welche die Hauptpersonen verfolgen, lassen sich viele Ähnlichkeiten in ihren Handlungsmethoden, Charakterzügen und –motiven erkennen. Ich werde in dieser Lernleistung versuchen, die Parallelen, aber auch ihre Unterschiede der Hauptfiguren aufzuzeigen.

2. Inhaltsangaben

2.1. Die Räuber

Das 1781 von Friedrich Schiller veröffentlichte Drama „Die Räuber" erzählt von Karl von Moor, dem Sohn des Grafen von Moor, der durch fingierte Briefe erfährt, dass sein Vater ihn verstoßen habe und der daraufhin eine Räuberbande gründet. Der gefälschten Brief wird von dem jüngeren, in der Thronfolge benachteiligten Sohn, Franz von Moor, verschickt. Karl von Moor bemerkt nicht, dass die Briefe gefälscht sind, in denen sein Vater ihn von der Thronfolge ausschließt und verflucht. Während Karl mit seiner Räuberbande darauf folgend durch das Land zieht, um unschuldig Verfolgte zu rächen und korrupte Politiker zu strafen, versucht Franz Karl von Moors Braut Amilia für sich zu gewinnen und sperrt seinen Vater in einen Turm, in dem verhungern soll, um selbst König zu werden. Nachdem ein junger Mann, der in Karls Räuberbande eintreten möchte, Karl von Moor wieder an seine Geliebte Amalia erinnert, beschließt er, diese zu besuchen und erfährt dabei von den Intrigen seines Bruders. Nachdem Karl von Moor seinen Vater befreit hat, schwört er Rache an seinem Bruder, der sich zwischenzeitlich erhängt, nachdem er erkennt, dass seine Pläne gescheiterten. Graf von Moor stirbt, als er erfährt, dass Karl von Moor der Anführer der Räuberbande und Franz von Moor tot ist. Darauffolgend tötet Karl von Moor Amalia und stellt sich der Justiz.

2.2. Der Proceß

Der nie vollendete Roman „Der Proceß", wurde 1914-1915 von Franz Kafka verfasst und handelt von dem Bankangestellten Joseph K., der eines Morgens in seiner Wohnung geweckt wird und ihm mitgeteilt wird, dass ein Prozess gegen ihn geführt wird. Trotz seiner angeblichen Verhaftung bleibt K. scheinbar frei. Je länger sich K. mit dem Gericht beschäftigt, das gegen ihn den Prozess führt, umso undurchsichtiger wird das ganze Gerichtswesen für ihn. K. sucht Hilfe bei diversen Leuten, die ihm jedoch alle nicht helfen können. Ohne jemals den Verfahrensgrund genannt bekommen zu haben, wird K. am Ende des Romans für schuldig befunden und schließlich getötet.

2.3. Michael Kohlhaas

Das 1808 in der Zeitschrift „Phöbus" veröffentlichte Werk Michael Kohlhaas von Heinrich von Kleist, wurde in einer Zeit des gesellschaftlichen und politischen Umbruchs geschrieben. Kleist erzählt die Geschichte eines Rosshändlers, der mit allen Mitteln versucht, sein „Recht" durchzusetzen. Von Kohlhaas wird zu Beginn der Geschichte verlangt, einen Passschein vorzuzeigen, welchen er nicht besitzt. Die Pferde die er als Pfand zurücklässt, um passieren zu dürfen, findet er nach seiner Reise, genau wie seinen Knecht Herse, in einem sehr schlechten Zustand vor. Kohlhaasens eingereichte Klagen werden abgewiesen und seine Frau, beim Versuch ihrem Manne zu helfen, getötet. Kohlhaas versucht daraufhin durch Gewalt für Gerechtigkeit zu sorgen. Nach einem persönlichen Gespräch mit Luther, der Kohlhaas Amnestie zusichert, löst Kohlhaas seinen „Haufen" auf. Jene wird zunächst gebrochen, da Obrigkeit in Berlin sich jedoch folgend dem Fall annimmt, erhält Kohlhaas einen Prozess, indem er Recht bekommt, aber auch gleichzeitig zum Tode verurteilt wird.

3. Gemeinsamkeiten

3.1. Charakter

Michael Kohlhaas und Karl von Moor sind zwei Hauptprotagonisten, die viele Eigenschaften gemeinsam haben. Beide spielen, anders als K., eine Heldenrolle in ihren Romanen und werden als ehrenvolle Menschen beschrieben: Karl von Moor durch seine Kampf gegen „das Unrecht" und Michael Kohlhaas, nach dem sogar seine Stadt, in der er wohnt (Kohlhaasenbrück) benannt ist, durch seine ehrliche Arbeit als Rosshändler. In ihren Kämpfen erscheinen sie als Siegertypen, die sich nicht unterkriegen lassen. Beide glauben an die Gesetze des Staates. Kohlhaas tut dies von Anfang an, Karl von Moor erst gegen Ende des Romans. Beide werden zu Beginn der jeweiligen Romane mit positiven Charakterzügen und einem erheblichen Stolz dargestellt, der ihnen eine ungeheuere Würde verleiht und durch die die Reaktion auf die Verletzung des persönlichen Rechtsgefühls zum Vorschein kommt. Auch K. wird als sehr selbstbewusst dargestellt und präsentiert sich somit ebenfalls dementsprechend seiner Umwelt, der er seriös, aber nicht liebenswert erscheint. Das Selbstbewusstsein K.s, welches vermutlich aus seinem beruflichen Erfolg rührt, zeigt sich sowohl in seiner herablassenden Art zu Beginn des Romans (1. Kapitel) gegenüber den Dienern des Gerichts, dem Nicht-Schätzen von Frau Grubachs Äußerungen, als auch im Umgang mit seinen Mitarbeitern. Doch nicht nur diese vermeintlich positiven Eigenschaften verbinden die drei Protagonisten. Alle sind egoistisch und in ihrem Handeln auf sich selbst bezogen. Kohlhaas und Karl von Moor nehmen den Tod vieler Menschen in Kauf, um ihre persönlichen Ziele durchzusetzen. Sie nehmen nicht das Leid um sie herum wahr und können dieses nicht nachempfinden. Auch der Verlust von treuen Gefährten wie Herse und Kosinsky löst bei beiden keine große Trauer aus. Alle drei erhalten im Verlauf der Handlung eine Warnung eines Geistlichen, welche nur Michael Kohlhaas berücksichtigt, K. missversteht und Karl von Moor nicht berührt. Die vielen Toten aus ihren Überfällen erkennen sie nicht als Zeichen, dass ihr Verhalten von Grund auf falsch ist. Dabei lässt sich ein Starrsinn bei den Protagonisten erkennen, den Kohlhaas, aber vermutlich auch Karl von Moor, mit ihrem Leben bezahlen. Alle drei Protagonisten räumen ihrem Anliegen, nicht nur beruflich, sondern auch gegenüber anderen Menschen, höchste Priorität ein. Der Bankangestellte K. in Kafkas Roman, für den sein Beruf zuvor sein wichtigster Lebensinhalt war. Vernachlässigt diesen, um sich voll und ganz auf seinen Prozess konzentrieren zu können. Michael Kohlhaas und Karl von Moor gehen sogar einen Schritt weiter, indem sie ihr ganzes Leben nach ihrem Anliegen ausrichten. Michael Kohlhaas verkauft seinen Hof, um genug finanzielle Mittel zu besitzen seinen Racheakt auszuüben. Karl von Moor entschließt sich sogar für ein Leben als Räuber. Diese Entschlossenheit verhindert allen drei Protagonisten die Möglichkeit, von ihrem eingeschlagenen Weg ins normale Leben wiederzukehren. Karl von Moor tut dies durch seinen Schwur gegenüber seiner Räuberbande, in dem er ein Schwur ablegt, für immer ein Räuber zu bleiben. Obwohl er diesen bricht, sieht er am Ende nur noch die Möglichkeit, sich der Justiz zu stellen. Kohlhaas hat durch den Verkauf seines Besitzes keine Existensgrundlage mehr und ist in gewisser Weise gezwungen , seine Sache bis zum Ende hin durchzuziehen, wenn er nicht als armer Mensch „von vorne beginnen" möchte. Bei K. ist der Umbruch nicht so extrem, jedoch vernachlässigt er seinen Beruf derart, dass sein größter Konkurrent, der Direktor-Stellvertreter, ihm „den Rang abläuft".

3.2. Motive

Karl von Moor und Michael Kohlhaas verleitet das Gefühl, ungerecht behandelt worden zu sein, zu schrecklichen Taten.Die Desillusionierung ihrer Ideale verstärkt ihren Frust. Kohlhaas glaub bis zu diesem Zeitpunkt an den Rechtsstaat, der ihm Sicherheit gewährt. Karls von Moor sieht in der Ablehnung des Grafen das Bild des stets liebenden Vaters zerstört. Beide sehen deshalb den Tod anderer, auch unschuldiger Menschen, nicht als Hindernis an, ihre Ziele im Kampf zur Durchsetzung ihres Rechts zu verfolgen. Die Enttäuschung darüber, dass der Staat Michael Kohlhaas nicht die Gerechtigkeit und Sicherheit gewährt, wie es für seinen Beruf als Händler notwendig wäre, treibt ihn so weit, dass er die Stadt Wittenberg in Flammen setzt. Dies rührt bei Michael Kohlhaas aus einem übersteigerten Rechtsgefühl, welches ihn zu einem Mörder werden lässt. „Das Rechtsgefühl machte ihn zum Räuber". Weil er nicht von der Legislative geschützt wird, sieht er sich als verstoßen. Nachdem zuvor die Klage gegen den Junger von Tronka in Dresden ohne Erfolg verlaufen ist, bringt der Tod seiner Frau schließlich für Kohlhaas „das Fass zum Überlaufen", worauf er beschließt, mit seinen Knechten die Tronkenburg zu überfallen. Michael Kohlhaas offenbart somit eine ungewöhnliche Hartnäckigkeit, für sein Recht zu kämpfen. Er und der von seinem Vater verstoßene, Karl von Moor scheinen ein überempfindliches Gespür für persönliche Kränkung zu haben. Michael Kohlhaas verfällt durch das ständige Abmessen von Recht und Unrecht in einem Zustand der Starre. Beide sind der Ansicht, dass der Zweck alle Mittel heiligt. Karls vernichtet eine ganze Stadt, um einen Freund vor dem Tot am Galgen zu retten zu können. Michael Kohlhaas tut das Gleiche sogar mehrere Male, um sich zu rächen. Er und Karl gefallen sich in der Rolle des Rächers und des edlen Räubers, K. dagegen erweckt den Eindruck, dass er sich seiner selber schämt.

3.3. Methoden

Michael Kohlhassens und Karl von Moors Methoden und Ziele, bestehend aus Rache und dem Bemühen der Wiederherstellung von Gerechtigkeit, lassen beide zu zweifelhaften Methoden greifen. Das Verfolgen ihrer Ziele macht sie zu Massenmördern und lässt selbst gegen jedes geltende Gesetz verstoßen. Beide stellen ihr Anliegen über die Schicksale anderer unschuldiger Menschen, die bei den Überfällen leiden und sterben. Im Volk verfliegen rasch, durch das Verhalten Einzelner wie z.B. Spiegelberg, die Sympathien für

Michael Kohlhaas und Karl von Moor und wandeln sich ins Gegenteil. In Kafkas „Proceß"
zeigt K. in seinen Methoden, für das Recht bzw. Unschuld einzustehen, Prallelen, in dem
auch er auf andere angewiesen ist. Allerdings verbindet ihn mit ihnen keine Freundschaft
wie Karl und Michael Kohlhaas zu ihren Bandenmitgliedern, sondern nur sein innerer
Zwang, neue Informationen zu seinem Verfahren zu erhalten. Die Sucht, Neues zu
erfahren, treibt K. immer weiter in das Verfahren hinein, was er schließlich mit seinem
Leben bezahlt. K. hatte zu jeder Zeit die Möglichkeit, dem Gericht seinen Rücken zu
kehren.

4. Unterschiede

4.1. Charakter

Karl von Moor ist ein sehr impulsiver Mensch, der von klein auf gesagt bekommt, er sei etwas Besonderes, was ihn auch glauben lässt, er könne eine Art Robin Hood sein. Er ist derart verwöhnt, dass er keine Grenzen kennt und zu keiner Selbstkritik oder Selbsteinschätzung fähig ist. Durch den Brief des Vaters erleidet Karls von Moor eine empfindliche Niederlage, was ihn einen brutalen Rachefeldzug beginnen und auf einen melancholischen Charakter schließen lässt. Das rasche Anwenden von Gewalt, unterscheidet Karl von Moor und Michael Kohlhaas. Dieser zweifelt werder an dem Ziel, für das er kämpft, noch an der Art und Weise, wie er es zu erreichen versucht. Allerdings vermittelt Michael Kohlhaas auch den Eindruck, dass sien Handeln durchdachter ist als jenes von Karl von Moor, das wie eine Trotzreaktion eines kleinen Kindes erscheint. Michael Kohlhaas eragiert nicht sofort mit Gewalt auf das Unrecht, das ihm angetan wird. Er unternimmt mehrere Versuche, auf friedlichem Wegte zu sienem Recht zu kommen. Erst als er der Meinung ist, er könne es auf friedliche Art und Weise nicht erreichen, bedient er sich der Mittel der Gewalt. Michael Kohlhass´ Verhalten lässt mehr auf das eines Erwachsenen schließen als jenes von Karl von Moor. Die Gründe für die charakterlichen Unterschiede lassen sich schon in früher Kindheit der beiden finden. Michael Kohlhaas wuchs nicht inder Idylle, die Karl von Moor genießt und nach welche sich jener zurücksehnt, auf und ist deshalb mehr mit der „Realität" vertraut. Das Gründen einer Räuberbande war für Karl von Moor womöglich nicht nur bedingt durch Rachegefühle, sondern auch durch den Reis des Abenteuers. Michael Kohlhaas schein einen höheren Intellekt als Karl von Moor zu besitzen, der im Gegensatz zu Michael Kohlhaas von Anfang an gegen die Gesetze verstößt. Kohlhaas glaub anfangs an den Staat und dessen Gesetze und ist in seinem Lebensstil ein vorbildlicher Mensch.

Im Gegensatz zu den beiden steht K., der weder eine „Horde" anführt, noch zu jeglichen Gewaltmaßnahmen greift. K. ist das Gegenteil von Karl von Moor und Michael Kohlhaas, nämlich ein Durchschnittstyp, ein „Antiheld". Anders als in den anderen Romanen versucht der Autor zu keinem Zeitpunkt Sympathien für K. beim Leser zu wecken, im Gegenteil. K. lebt, anders als die „Helden", ein durchorganisiertes Leben mit einem strengen Tagesablauf. Neben seiner Durchschnittlichkeit ist der gravierendste Unterschied zu den anderen Protagonisten jedoch der, dass K. sich die volle Schuld gibt. Der Pferdezüchter zeigt bis zuletzt keine Schuldgefühle. Karl von Moor gewinnt zwar die Erkenntnis, falsches getan zu haben, woraufhin er Reue zeigt, jedoch erst zu einem Zeitpunkt, an dem er seine Taten vermutlich mit dem Leben bezahlen muss. Karl von Moor vollzieht somit während der Handlung, im Gegensatz zu Michael Kohlhaas, der nur auf Umstände reagiert, einen inneren Prozess. K. ist ein Mensch, der wie Karl von Moor ein typischer „Stürmer und Dränger", sich von seinen Emotionen leiten lässt und diese seiner Umgebung preisgibt. So ist es auch zu erklären, dass es bei K. nicht zu so heftigen Reaktionen wie bei Michael Kohlhaas und Karl von Moor kommt. Die beschriebene Emotionslosigkeit zeigt sich auch in K.s Verhalten gegenüber Frauen. K. hat ein „geregeltes" Liebesleben, in dem es nur um das Praktizieren von Liebe geht, anstatt um Gefühle. Die Liebe, die Karl von Moor und Amailia verbindet, erscheint verglichen dazu wie ein Kontrast, obwohl Karl von Moor erst durch einen Dritten wieder an Amailia, die er wohl vergaß, erinnert wird. K. empfindet seinen fürsorglichen Onkel als aufdringlich, was ihn zusätzlich zu seinem Liebesleben als noch gefühlskälter darstellt. K. möchte möglichst wenig mit seiner Familie zu tun haben und versteckt sich sogar vor seiner Cousine. K. sucht die Distanz zu seiner Familie, Karl von Moor leidet dagegen unendlich darunter, von seinem Vater verstoßen zu sein.

4.2. Motive

Die Motive der beiden Hauptprotagonisten aus „Michael Kohlhaas" und „Die Räuber" verbindet zwar die Gewalt, mit welcher sie versuchen, ihre Ziele durchzusetzen, in ihrer Entstehung jedoch unterscheiden sie sich stark von einander. Michael Kohlhaas verfolgt das Ziel der Wiederherstellung seiner Pferde durch den Junker. Er versucht es durch dreimaliges Ausschöpfen der ihm zur Verfügung stehenden rechtlichen Mittel zu erreichen. Er befragt sogar seinen Knecht Herse dahingehend, ob er nicht Schuld an dem Konflikt auf der Tronkenburg trage. Eerst nach weiterer Demütigung durch das korrupte Gericht und den Tod seiner Frau greift der Rosshändler zur Gewalt. Michael Kohlhaas erleidet im Gegensatz zu Karl von Moor, der auf die Intrigen seines Bruders hereinfällt, ein politisches Unrecht durch die Schändung seiner Pferde. Hätte Karl von Moor genauso rational wie Kohlhaas gedacht, hätte er möglicherweise den Brief als Fälschung entlarvt und keine Räuberbande gegründet. Karl von Moor verfolgt nicht wie Michael Kohlhaas politische, sondern familiäre Ziele, in dem er die Anerkennung durch seinen Vater sucht. Als er diese von ihm, dem gefälschten Brief zufolge, nicht erhält, sondern gar verstoßen und verflucht wird, eintscheidet er sich für den Weg des „edlen Räubers", der für die Armen gegen die „Bösen" kämpft. Karl von Moors Plan war, ein adeliges Leben mit seiner geliebten Amalia am Hof zu führen, was seine außerordentliche Reaktion auf den Brief erklärt, der zutiefst seinen Stolz verletzt. Er kannte in seinem bisherigen Äleben keine „Schranken", welche ihm nun plötzlich aufgezeigt werden, indem ihn sein Vater scheinbar aus der Adelsgesellschaft verstößt. Karl von Moor fühlt sich familiär, Michael Kohlhaas gesellschaftlich ausgestoßen. K. hingegen fühlt sich nicht ausgestoßen, oder im Stich gelassen, obwohl auch im Ungerechtigkeit widerfährt. Er hat keinen personifizierten Gegener, gegen den er ankämpfen könnte und verhält sich meist passiv, da sich das Gericht bzw. Die Richter nicht zu erkennen geben. K. wird nicht wie Karl von Moor und Michael Kohlhaas aktiv, um für Gerechtigkeit oder die Armen zu kämpfen, sondern er handelt nur aus rein egoistischem Interesse. Auf der Such nach Hilfe entwickelt er sich zu einem „Hilfe-Junkie", der sich durch viele Menschen versucht, einen Vorteil zu verschaffen in seiner Gerichtssache, ohne sich jedoch wirklich helfen zu lassen, wie es beispielsweise in der Advokatenszene zu erkennen ist.

4.3. Methoden

Die Methoden von Karl von Moor und Kohlhaas zu kämpfen sind vom Grundsatz her gleich, da sie sich beide der Gewalt bedienen. Die Ziele ihres zerstörerischen Verhaltens sind jedoch verschieden. Michael Kohlhaas zündet Wittenberg und weitere Städte an, um sich zu rächen und den Junker zu suchen, was ihn als „Mordbrenner" im Volk bekannt macht. Dabei kann Kohlhaas nichts erreichen, was ihm seinem Ziel „Recht zu bekommen" näher bringen würde. Erst durch Luther, der Michael Kohlhaas Hilfe versprocht, verzichtet er auf weitere Gewalt. Heinrich von Kleist stellt Kohlhaas bei seinen Schlachten als einen rational gesteuerten Menschen da, der durch sein taktisches Geschick uns seine militärischen Startegien auch Schlachten gewinnt bei denen er zahlenmäßig unterlegen ist. Karl von Moor hingegen verfolgt keinen festen Plan mit seiner Räuberbande und lebt scheinbar mehr in den Tag hinein. Dies unterscheidet ihn auch in auch erheblichen Maße von seinem Bruder Franz von Moor, der sehr schlau die Intrigie zwischen dem Grafen und Karl von Moor eingefähdelt hat und seine Rolle des Betroffen gut beherrscht. Karl von Moor muss gegenüber Kohlhaas zugute gehalten werden, dass er nicht ziellos Städte in Flammen setzt. Er begeht den Anschlag auf eine Stadt nicht aus Rachegelüsten wie Michael Kohlhaas, sondern er versucht mit Erfolg, einen Bandenkollegen vor dem

Galgentod zu bewahren. K. verhält sich weitaus weniger aktiv, teilweise sogar passiv. Es kann sogar gesagt werden, dass K. durch das Gericht fremdbestimmt wird, da das Gericht „von der Schuld angezogen" wird. Er sucht nicht wie Karl von Moor und Michael Kohlhaas die Konfrontation, sondern versucht zunächst das Gericht auf Distanz zu halten, in dem er sieses in Frage stellt und sich durch seine Anklagerede lustig macht. Er klagt hierbei nur oberflächlich an und verwirt diese, nachdem er merkt, dass er doch keinen Rückhalt von der im Saal befindlichen Menschenmenge erhält. Michael Kohlhaas dagegen würde sich in der Rolle des Anklägers gefallen, so wie er es schon in der Rolle des Rächers tut, aber er würde nicht sein Anliegen aus Mangel an Unterstützung fallen lassen. Auch K. such sich wie Michael Kohlhaas und Karl von Moor Helfer, von denen er sich keinen militärischen Support erfhofft, sondern Informationen als Hilfe für den Prozess. Diese sind ihm jedoch keine wirkliche Unterstütlzung, auch weil er die Hilfe, z.B. die des Advokaten, nicht annimmt. Als K. dann schließlich versucht alleine den Prozess zu führen, versagt er, da er die Parabel des Geistlichen falsch intepretiert und die Geschichte mit seinem Tod endet. Michael Kohlhaas und Karl von Moor scheinen durch die Trennung ihrer Banden auch zu „Verlierern" zu werden. Nur Michael Kohlhaas stibt mit der Sicherheit, seinen Rechtsstreit gewonnen zu haben.

5. Kohlhaas und Karl - Rebellen, Anarchisten oder Terroristen?

Letztendlich muss sich jeder Leser selbst entscheiden, in welche dieser „Schubladen" er Kohlhaas und Karl von Moor „steckt". Beide kämpften aus voller Überzeugung für ihr Recht, Michael Kohlhaas sogar bis zum Tod. Beide handelten nicht mit dem Vorsatz, anderen Menschen Leid zuzufügen oder diese zu töten. Sie nahmen dies aber billigend in Kauf, um ihre Ziele zu verwirklichen. Michael Kohlhaas sah sich stellvertretend für ein ganzes Volk, dessen Recht er durch Willkühr verletzt sah, allerdings litt genau dieses unter seinem Kampf. Er bestand bis zuletzt auf einen fairen Prozess und nahm den eigenen Tod in Kauf und verzichtete sogar auf die Möglihckeit, dem Tod entkommen zu können

Soweit kann Michael Kohlhaas zunächst nicht als Anarchist gesehen werden, im Gegenteil. Sieht man jedoch von seinen Idealen ab und betrachtet ausschließlich sein Handeln, erkennt man, dass er durch seine Vorgehensweise sich einem Anarchisten ähnlich verhält. Er sieht ab dem Moment, wo ihm nicht Recht gegeben wird, nicht mehr die Notwendigkeit, sich selbst an Gesetze halten zu müssen. Er setzt Recht und Gesetz außer Kraft, um sein eigenes Ziel zu verfolgen. Auch der aus der Lutherzeit stammende Begriff „Rebell", der noch heute für Menschen benutzt wird, die gegen Staatsgewalten Widerstand leisten, passt zu Michael Kohlhaas. Standpunktabhängig assoziiert man mit einem Rebellen aber auch einen Wiederstanskämpfer, welchen man poitiv als Freiheitskämpfer oder negativ als Terroristen bezeichnet. Michael Kohlhaas selbst würde sich als Kämpfer für das allgemeine Recht bezeichnen, die Menschen die unter ihm leiden mussten, würde ihn wohl als Terroristen sehen, zumal das Wort „Rebell" im Lateinischen „Furcht, Schrecken" bedeutet. Als Terrorist kann Michael Kohlhaas durchaus angesehen werden, da er „Furcht und Schrecken" nutzt, um Druck auf die politschen Institutionen auszuüben. Er sieht sich als Kämpfer gegen Missstände, so wie es heutzutage beispielsweise die Hamas tut, nachdem den Palästinsern ihr Land genommen wurde, ohne einen Ersatz bereitzustellen. Michael Kohlhaas sieht sich zwar als Kämpfer für die gesamte Bevölkerung, verfolgt jedoch letztlich nur das Ziel, das eigene Recht zu erlangen. Karl von Moor hingegen ist von Anfang an anarchistisch gesinnt. Er fühlt sich durch Regeln eingeengt und ist der Ansicht, dass diese noch nie „einen großen Mann gebildet" hätten. Er träumt vielmehr von Freiheit und Gesetzlosigkeit, wie ein Punk. Nachdem er verstoßen wird, terrorisiert er zwar das Land, hat aber kein politisches Ziel wie ein „echter" Terrorist.

Er kämpft nicht gegen die Ordnung, für die der Vater steht, sondern für den Verrat. Auch der Begriff des Rebellen passt nicht zu ihm, obwohl er sich gegen Bestehendes auflehnt, da er nur private Beweggründe für sein Handeln hat. Andere Definitionen zufolge ist ein Rebell zudem nur jemand, der sich friedlich für seine Ziele einsetzt. Nach dieser Definition, sind es weder Karl von Moor noch Michael Kohlhaas, denn sie verbindet nur die Verbreitung von Angst und Schrecken.

Duden-Definitionen:

- Rebell: <franz.> Aufrührer, Aufständischer, Widerstandskämpfer

- Anarchist: <griech.> Anarchie: Zustand der Herschafts- und Gesetzlosigkeit, Chaos in politischer und wirtschaftlicher Hinsicht, jede Art von staatl. Autorität wird verworfen.

- Terrorist: <lat.> Gewaltherrschaft, rücksichtsloses Vorgehen